村上祥子の
ふんわりパン

こねない！35分からできる！電子レンジで30秒発酵

永岡書店

プチパンで基本のパン作りをマスター　4

道具のこと　10
材料のこと　11

CONTENTS

ページ数が2つあるところは左が写真ページ、右が作り方ページ

デイリーパン

ふんわり食パン　13・14
全粒粉パン　16・18
黒砂糖＆レーズンパン　17・19
ミルクパン　20・21
ドライフルーツパン　22・23
ハーブパン　24・26
玄米パン　28・30
きびちびパン　29・31
3色野菜パン　32・34
バゲット　36・37
ヘルシーパン　38・39
マッシュルームピザ　40・42
イタリアントマトピザ　41・43

おやつパン

シナモンロール	45・46
オレンジパン	48・49
３スイーツパン（スリー）	50・51
チョコレートパン	52・53
はちみつパン	54・55
プリンパン	56・58
ハムチーズロール	60・62
ピタパン	61・63
ブルーベリーパン	64・65

フライパンで揚げて作るパン

ピロシキ	66・68
ねじりん棒ドーナツ	67・69

電子レンジでチンして作るパン

蒸しパン	70・71

この本のきまり
- 1カップは200ml、大さじ1は15ml、小さじ1は5mlです。
- 卵はMサイズ（正味約50g）を基準にしています。
- 電子レンジは強が600W、弱が170Wを基準にしています。強が500Wの電子レンジの場合、加熱時間を1.2倍、400Wの場合は1.4倍にしてください。弱キーについては、10ページを参照。

基本の生地にもうひと工夫してクロワッサンを作ろう！　72

クロワッサン生地で作るパン

フルーツデニッシュ	76・78
シュトーレン	80・82
電子レンジで作る簡単ジャム	84・86
パンによく合うドリンク	88

パンが上手にできない！こんなときどうするの？ Q&A　90

プチパンで基本のパン作りをマスター

まずは、プチパンでパン作りの基本をマスターしましょう。
この基本を覚えれば、ほかのパンは思いのままです！
あまりに簡単すぎて驚きますよ！

基本のパン生地の材料(6個分) ※全量 525Kcal　塩分1.1g　　2倍量、3倍量を作る場合は、P.93を見てください！

強力粉　100g

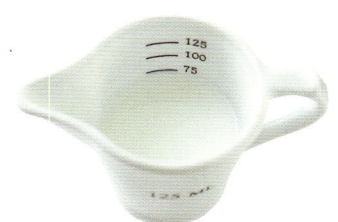
牛乳　75ml

バター　小さじ2（8g）

砂糖（上白糖）大さじ1（9g）

塩　小さじ1/5（1g）

ドライイースト　小さじ1（4g）

打ち粉用の強力粉　適量

用意する道具

耐熱ボウル
直径約14cmぐらいの大きさで、耐熱樹脂加工のもの（ジップロック）が使いやすい。

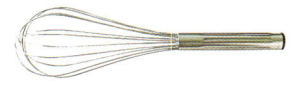
泡立て器

箸（割り箸または菜箸）

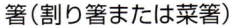

ゴムべら

ハケ

キッチンタイマー

包丁・まな板

ペーパータオル

クッキングシート

▶ 材料を混ぜる ▶▶▶▶▶▶▶▶▶

1

直径14cmの耐熱ボウルに牛乳とバターを入れ、ラップをかけずに電子レンジ強（600W）で30秒（500Wで40秒）加熱する。

※このとき、牛乳が人肌（37℃）以上になってしまったら、少し冷まします。温度が高いとイーストが働かなくなってしまうので注意。牛乳が人肌程度にならないときは、あと10秒ほど電子レンジ強（600W）で追加熱。

2

泡立て器でバターを溶かし、ドライイーストを加え、さっと混ぜる。

次に塩と砂糖を加え、泡立て器で混ぜる。

※がんばって混ぜなくても、ドライイーストが浮いている状態で大丈夫。

3

強力粉の1/3量を加えて、ダマにならないように泡立て器でよく混ぜる。

4

残りの強力粉を加えて、箸でぐるぐると混ぜる。ここでは粉が残っている程度に混ぜるだけ。ひとかたまりになればOK。

混ぜすぎに注意！

ここで力いっぱい混ぜると、電子レンジでの発酵がスムーズにいかなくなります。粉が残っている程度で大丈夫。

手でこねてはダメ ✕

これでは、混ぜすぎ ✕

箸で持ち上げたとき、ひとかたまりになればよい ○

▶ 一次発酵 ▶　▶ 成形する ▶ ▶ ▶ ▶ ▶ ▶ ▶ ▶

5
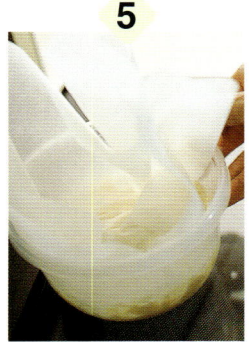

クッキングシートを生地に密着するようにかけ（ふたやラップでもOK）、電子レンジ弱（150～200W）で30秒加熱する。一次発酵が終了しても見た目はあまり変化はありませんが、十分発酵しているので大丈夫。

6

まな板に打ち粉を多めにし、ゴムべらで生地をとり出す。

7

生地に打ち粉をふりかけ、包丁にも粉を少しつけて、放射状に6等分する。

8

切り口を中に巻き込むようにして丸く形を整え、閉じ目は指先でつまんでしっかり合わせる。

打ち粉をつけながら形を整える！
生地を軽くひっぱりながら内側に巻き込んで、丸く形を整える。このとき、生地がやわらかくて手にくっつくので、手に打ち粉をつけながら形を整える。また、閉じ目をきっちり閉じておかないと、ふくらんだあと形がいびつになるので注意。

▶ ベンチタイム ▶▶▶ | ▶ ガス抜きをして成形する ▶▶▶

9

まな板の上に間をあけて生地を並べる。

10

クッキングシートをかぶせ、その上に水でぬらして軽く絞ったペーパータオルをかけ、室温で約10分ほどおき、2倍くらいの大きさになるまでふくらませる。

11

まな板に打ち粉をして10の生地をおき、3本の指で軽く押さえてガス抜きをする。

※ガス抜きが足りないと、かたい生地になることがあります。ここは生地全体を押さえてぺっちゃんこに。

12
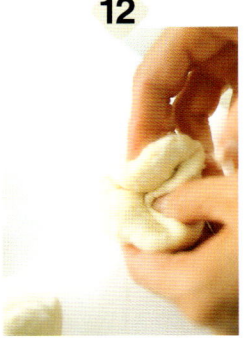
周囲の生地を内側に寄せながら丸めて、合わせ目は指でつまんで閉じる（8も参照）。

約2倍の大きさになるまで休ませる
右の写真のように、ふたまわり大きくふくらむまでベンチタイムをとる。ふくらみが足りない場合は、さらに10～15分室温において様子をみる。

成形して生地を整える
まわりの生地を内側に折り込むようにして、生地を丸く整えると、生地がだんだんなめらかになり、光沢が出てくる。

 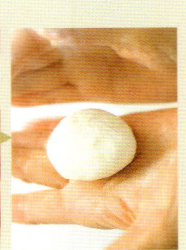

| ▶ 二次発酵 ▶ | ▶ ベンチタイム ▶ ▶ ▶ | ▶ 焼く ▶ ▶ |

13

耐熱皿にクッキングシートを敷き、皿の真ん中をあけて生地を並べ、上にもクッキングシートをかけ、電子レンジ弱（150～200W）で30秒加熱する。

14

下に敷いたクッキングシートごと天板に移し、間隔をあけて並べる。

15
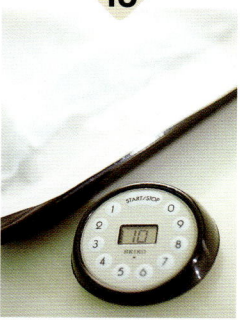

クッキングシートをかぶせ、その上に水でぬらして軽く絞ったペーパータオルをかけ、室温に10分ほどおき、2倍くらいの大きさになるまで、ふくらませる。

16

上のクッキングシートとペーパータオルをはずし、ハケで表面に軽く強力粉をふって、180℃に温めたオーブンで12～15分焼く。

※ オーブントースターで焼く場合は、P.10を参照。

2回目のベンチタイムでも2倍に！
1度目と同じくらいふくらませます。ふくらみが悪いときは、さらに10分おく。

上手に焼くコツ！
オーブンで焼く前に、ハケで強力粉をふりかけること。こうしておくと、焼きむらができづらく、また、生地の上にハーブなどをのせても、焦げにくくなります。

ころんとかわいい…
プチパン
Petit Bread

道具のこと

家電の機能は、機種によって異なります。まずは、確認を。

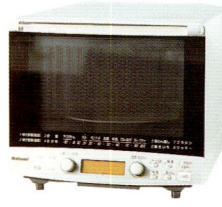

電子レンジ

電子レンジは、メーカーや機種によって仕様がかなり違います。とくに、今回問題なのが、生地の発酵に使う弱キー。メーカーによってワット数が違ったり、また弱キーがない電子レンジも多いのです。そのときは、150、170、200Wのどれかに設定するか、生もの解凍キーがあれば、それでOK。もしも500Wしかない場合の"弱"は、10～15秒加熱。250Wや300Wなら15～20秒加熱。90W、110Wなら40～50秒加熱。1200Wなら10秒加熱で試してください。

オーブン

オーブンレンジの場合、セラミックのターンテーブル（白い色のものが多い）が、天板に使われている機種があります。これは熱の伝導率が低く、パンがうまく焼けないことがあります。パンは、金属製の天板を使ってください。また、オーブン機能だけのもので、表示された温度と庫内の温度が違っているものもあるようです。すぐに焼き色がついてしまうものは、温度を下げて様子をみてください。

オーブントースター

オーブンがなくても、この本に出ているほとんどのパンは、オーブントースターで焼くことができます（高さのある食パンやミルクパン、また大きいものは無理です）。コツは、初めからアルミホイルをかけて焼くこと。お試しを！

a

b

c

オーブントースターでの焼き方

1. オーブントースター用の天板にアルミホイルを敷いて、サラダ油を塗る。
2. 二次発酵が終わったパン生地（P.8の13の生地）を1の天板に並べ（写真a）、クッキングシートをかぶせ、その上に水でぬらして軽く絞ったペーパータオルをかけ、室温に10分おいてふくらませる。
3. 上のクッキングシートとペーパータオルをとって、オーブントースターに入れ、アルミホイルをかぶせる（写真b）。
4. 弱または500W、または温度調節がなければそのままで、12～15分きつね色になるまで焼く（写真c）。

材料のこと

材料は、できるだけ新しく状態のよいものをそろえることが大切です。

強力粉

ほとんどのパンに強力粉を使います。なるべく新しいものを購入して、乾燥した場所に保管を。

ドライイースト

酵母菌の一種。発酵させ、ふくらませるパンに欠かせない材料。湿気ているとふくらみが悪くなります。密閉容器に入れて冷凍庫で保存を。

バター

食塩不使用のものを使います。生地ののびをよくし、風味がよく、やわらかい焼き上がりに。

砂糖

パンに甘味と風味をつけ、発酵を助ける働きもしています。ほとんど上白糖を使っていますが、黒糖を加えるパンもあります。

牛乳

電子レンジ発酵のために大切な水分でもあります。電子レンジで加熱して、人肌に温めて使います。

塩

ふつうの塩でいいのです。加えすぎるとイーストの発酵をおさえてしまうので、指定の分量より多くならないように。

デイリーパン

簡単だから、
毎日だって
手作りできる！
焼きたてが
うれしい！

2つの山形がキュート！
ふんわり食パン
Soft Bread

ふんわり食パン

朝食に欠かせない食パン！
毎日食べるものだから、この簡単さがいいんです。

＊全量　525kcal
＊塩分　1.1g

材料 （12×5.5cm、深さ4.5cmのアルミのパウンド型1個分）

基本のパン生地の材料（P.4参照）
……………………………全量
打ち粉用の強力粉　…………適量

作り方

1. アルミの型にバター（分量外）を塗る。
2. P.5の基本の作り方1～5の一次発酵まで同様にして作り、7では生地を2等分し、あとは10のベンチタイムまで同様にして作る。
3. まな板に軽く打ち粉をして生地をおき、指で軽く押さえてガス抜きをし、めん棒で約10×18cmの長方形にのばす（写真a）。生地の1/3を折り、反対側の1/3も折り、指で押さえて（写真b）端からぐるぐると巻く（写真c、d）。残りの生地も同様にして作る。
4. 1のアルミの型に、生地2個を巻き終わりを下にして、渦巻きの形が側面にくるように並べて入れる（写真e）。
5. クッキングシートをかけて、電子レンジ弱（150～200W）に1分かける（金属製の型なので、加熱時間は2倍になる）。
6. クッキングシートをかぶせ、その上に水でぬらして軽く絞ったペーパータオルをかけ、室温に20分おいて、2倍くらいの大きさにふくらませる。
7. 上のクッキングシートとペーパータオルをとり、ハケで強力粉を表面に軽くつける。天板に焼きあみ（または割り箸）をのせ、その上にのせて（写真f）、180℃に温めておいたオーブンに入れ、15～18分焼く。

2倍の量で作る場合

生地の量を多くした場合、ベンチタイムを長くし、温度を下げて焼くのがコツ。下のポイントだけかえて作ってください。

1. パン生地の材料の分量は、すべて2倍にする。
2. パウンド型は、19×6.5cm、深さ5.5cmのものを使う。
3. 牛乳とバターを電子レンジにかけるとき強（600W）で50秒（500Wの場合1分）加熱する。
4. ベンチタイムはそれぞれ5～10分長くおく。
5. めん棒で生地をのばすときに、15×25cmにのばす。
6. 160℃のオーブンで20～25分、じっくり焼く。

a

b

c

d

e

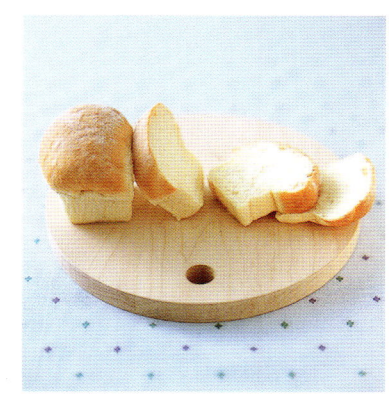

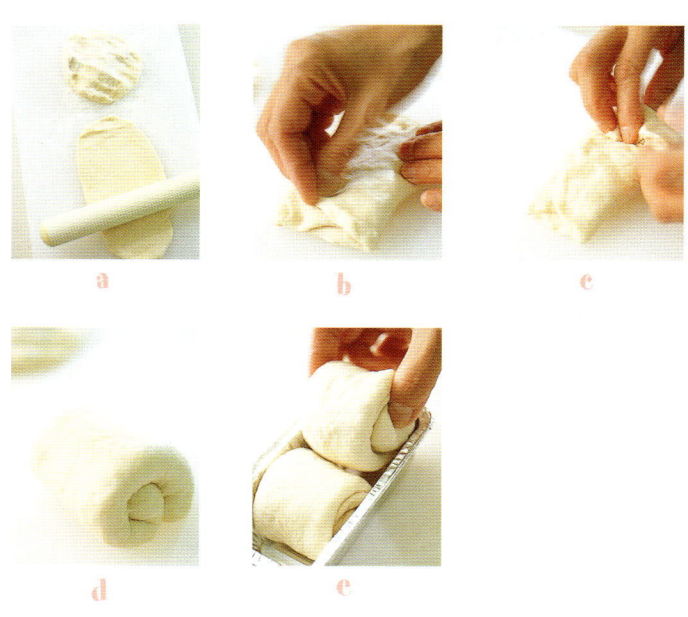

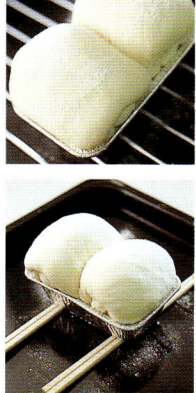

※天板にパウンド型をじかおきすると、下側の熱のまわりが弱くなるので、天板と型の間に焼きあみや割り箸をおいて、型の底にも熱気があたる工夫をします。

f

ひまわりの種が香ばしい！
全粒粉パン
Graham Flour Bread

全粒粉パン

素朴な味で毎日でも飽きない！
ワインやビールのおつまみにもよく合います。

＊全量　635kcal
＊塩分　1.2g

材料 （直径15cmの円形1個分）

強力粉	70g
全粒粉	30g
牛乳	75ml
バター	小さじ2（8g）
塩	小さじ1/5（1g）
砂糖	大さじ1（9g）
ドライイースト	小さじ1（4g）
ひまわりの種	20g
打ち粉用の全粒粉	適量

作り方

1. 強力粉と全粒粉を合わせてふるっておく。
2. P.5の基本の作り方3、4で合わせたおいた強力粉と全粒粉を加え、あとは5の一次発酵まで同様にして作る。
3. 打ち粉をしたまな板に生地をとり出し、周囲の生地を内側に巻き込むようにして丸めなおし（写真a）、閉じ目はくっつける。
4. クッキングシートをかぶせ、その上に水でぬらして軽く絞ったペーパータオルをかけ、室温に10～20分おき、2倍くらいの大きさにふくらませる。
5. 打ち粉をしたまな板の上におき、指で押さえてガス抜きをする。周囲の生地を寄せて丸め、合わせ目をしっかり閉じて裏返す。
6. 丸く形を整え、直径12cmの円形にする。ひまわりの種をのせて、手で軽く押さえる（写真b）。
7. クッキングシートを敷いた耐熱皿に生地をのせ、上にもクッキングシートをかぶせ、電子レンジ弱（150～200W）で30秒加熱する。
8. 下に敷いたクッキングシートごと天板に生地を移し、上にクッキングシートをかぶせ、その上に水でぬらして軽く絞ったペーパータオルをかけ、室温に約15分おいて2倍の大きさにふくらませる。
9. 上のクッキングシートとペーパータオルをとり、ハケで全粒粉をふりかけて、180℃に温めたオーブンで15～18分焼く。

全粒粉

もみがらを除いた強力小麦を、外皮や胚芽などのふすまもいっしょにひいた、細びきの粉。ベージュ色に焼き上がったパンは、小麦粉のうま味や甘味が感じられて味わい深く、かみごたえのあるパンになるのが特徴。

a

b

黒砂糖&レーズンパン

そのままでも、バターをつけて食べてもおいしい。
朝食にもよく合います。

＊1個　124kcal
＊塩分　0.2g

材料 (6個分)

基本のパン生地の材料（P.4参照）
………………………全量
レーズン（細かくきざむ）…50g
黒砂糖（粉状）………………20g
打ち粉用の強力粉 …………適量

作り方

1. P.5の基本の作り方1〜3までと同様にして作り、4で残りの強力粉を加えるときにレーズンと黒砂糖も加え、10のベンチタイムまで同様にして作る。
2. まな板に打ち粉をして生地をおき、軽く押さえてガス抜きをし、8×10cmのだ円形に指でのばす。3つ折りにして、合わせ目をしっかり閉じて（写真a）、両端を折り込み、裏返す。
3. クッキングシートを敷いた耐熱皿に生地を並べ、上にもクッキングシートをかけて、電子レンジ弱（150〜200W）で30秒加熱する。
4. 下に敷いたクッキングシートごと生地を天板に移し、生地の間隔をあけて並べかえ、太い箸などで穴を6個ずつあける（写真b）。上のクッキングシートを戻し、その上に水でぬらして軽く絞ったペーパータオルをかけ、室温に10分ほどおいて、2倍くらいの大きさにふくらませる。ふくらみが悪いときは、さらに10分おく。
5. 上のクッキングシートとペーパータオルをはずし、ハケで強力粉を軽くふり、180℃に温めたオーブンで12〜15分焼く。

a

b

ふわふわなのに、なかはしっとり！
ミルクパン
Milk Bread

ミルクパン

コンデンスミルクのコクのある甘さがきいた
ケーキのようなしっとりパン。プレゼントにもどうぞ。

＊全量　762kcal
＊塩分　1.2g

材料
（直径10cm、高さ10cmの丸型紙ケース1個分）

強力粉	85g
薄力粉	15g
牛乳	80ml
バター	20g
コンデンスミルク	30g
ドライイースト	小さじ1（4g）
塩	小さじ1/5（1g）
砂糖	20g

作り方

1. 強力粉と薄力粉を合わせてふるっておく。型の内側にうすくバター（分量外）を塗っておく。
2. P.5の基本の作り方1で、牛乳とバターにコンデンスミルクを加えて、電子レンジ強（600W）で40秒加熱し、3で合わせてふるっておいた強力粉と薄力粉を混ぜて、5まで同様にして作り、一次発酵を終了させる。
3. 生地の上にクッキングシートをかぶせ、水でぬらして軽く絞ったペーパータオルをかけ、室温に20分おく。
4. ゴムべらで混ぜて（写真a）ガス抜きをして、紙のケースに流し入れる（写真b）。
5. クッキングシートをかぶせて、電子レンジ弱（150～200W）で30秒加熱。
6. とり出して、かぶせたクッキングシートの上に水でぬらして軽く絞ったペーパータオルをかけ（写真c）、室温に15～20分おいて、2倍くらいの大きさにふくらませる。
7. 天板に焼きあみをおいた上にのせ（P.15参照）、180℃に温めておいたオーブンの下段に入れて、15～18分焼く。

a

b

c

ちぎりやすいエピ型
ドライフルーツパン
Dry Fruit Bread

ドライフルーツパン

カリッとひと口ほおばれば、
ドライフルーツの甘味が口いっぱいに広がるおいしさ。

＊1本　367kcal
＊塩分　0.5g

材料 (2本分)

基本のパン生地の材料（P.4参照）
　………………………………全量
Ⓐ アプリコット（ソフトドライ・
　　細かくきざむ）…………4個
　オレンジピール（細かくきざむ）
　………………………………2かけ
　カレンツ（またはレーズン・細
　　かくきざむ）………大さじ2
　ドレンチェリー（赤と緑・細か
　　くきざむ）……………各2個
打ち粉用の強力粉 …………適量
粉砂糖 …………………………少量

a

b

c

作り方

1. P.5の基本の作り方1～3までと同様にして作り、4で残りの強力粉を加えるときに、Ⓐのドライフルーツもいっしょに加えて混ぜ、5まで同様にして作り、一次発酵まで終了させる。

2. 打ち粉をしたまな板に生地をとり出し、上から打ち粉をふり包丁で2等分する。切り口を中に巻き込むようにして丸く形を整え、クッキングシートをかぶせ、その上に水でぬらして軽く絞ったペーパータオルをかけて、室温に10～20分おき、2倍ぐらいの大きさにふくらませる。

3. 上から軽く打ち粉をして、手で押さえてガスを抜きながら15×20cmのだ円形にのばし、生地の⅓を中心に向かって折り、指で押さえる。反対側も中心に向かって⅓折り曲げ、指で押さえる。さらに2つに折って、合わせ目をしっかり閉じる。

4. 合わせ目を下におきなおして、ころがしながら長さ25cmにのばし、両端を下に折り込んで、長さ22cmにする。

5. 30cm角のクッキングシートを三角に折り、輪の部分を4cm折り、逆側に4cm折る（広げたときに溝を2本作る、写真a）。その溝に生地を2本のせ、ペーパーの両端をつまんでねじり、残った両端を合わせ、中央でねじる（写真b）。

6. クッキングシートごとターンテーブルにのせて、電子レンジ弱（150～200W）で30秒加熱する。

7. クッキングシートごと天板に移し、水でぬらして軽く絞ったペーパータオルをかけ、室温に20分おき、2倍ぐらいの大きさにふくらませる。

8. クッキングシートのねじり目をといて、平らにする。ハサミで生地を2cm間隔にななめに切り目を入れ、左右に大きくふり分ける（写真c）。表面にハケで粉砂糖をふりかける。

9. 180℃に温めたオーブンで、15～18分焼く。

ハーブの香りで幸せになれる

ハーブパン
Herb Bread

ハーブパン

*1個　87kcal
*塩分　0.2g

木の芽や青ジソ、山椒の実などで和風にしても合います。
オリーブオイルをつけながら食べたいパン。

材料　(6個分)

基本のパン生地の材料（P.4参照）
………………………………全量
タイム、ローズマリー、バジル
（生・粗みじんにする）…各大さじ2
飾り用の生ハーブ（タイム、ローズマリー、バジル）……各適量
打ち粉用の強力粉 …………適量

作り方

1. P.5の基本の作り方1～3までと同様にして作り、4で残りの強力粉を加えるときに、タイム、ローズマリー、バジルもいっしょに加え（写真a）、13まで同様にして作り、二次発酵まで終了させる。
2. 下に敷いたクッキングシートごと天板に移し、間をあけて並べかえ、上に飾り用のハーブをのせて手で押さえる（写真b）。クッキングシートをかぶせ、その上に水でぬらして軽く絞ったペーパータオルをかけ、室温に10分おき、2倍くらいの大きさになるまでふくらませる。
3. 上のクッキングシートとペーパータオルをとり、表面にハケで強力粉をふりかける。
4. 180℃に温めたオーブンで、12～15分焼く。

a

b

ハーブ

ハーブは、料理の風味づけや肉や魚のくさみとりに使われる、植物の葉や茎などのことをいいます。ハーブにはドライとフレッシュのものがありますが、今回のパンには、香りが豊かなフレッシュハーブを使用。残ったハーブは料理などに使ったり、レンジで乾燥させれば、香りが豊かなドライハーブとして使えて便利ですよ。

プチプチした食感が楽しい
きびちびパン
Kibi Bread

玄米パン

パンの甘味が発芽玄米にからんでバランスがいい。
おにぎりのようなパンです。

* 1個　142kcal
* 塩分　0.2g

材料 (6個分)

基本のパン生地の材料（P.4参照）
……………………………全量
打ち粉用の強力粉　…………適量
発芽玄米ごはん（市販品）
……………1パック（150g）

作り方

1. 発芽玄米ごはんは、6等分して丸めておく。
2. P.5の基本の作り方1～10のベンチタイムまでと同様にして作る。
3. まな板に打ち粉をして生地をのせ、めん棒で直径10cmの円形にのばす（写真a）。1の発芽玄米ごはんをのせて、まわりの生地を寄せて中央に玄米ごはんをのぞかせて、シュウマイのような形に整える（写真b）。
4. 耐熱皿にクッキングシートを敷いて3をのせ、クッキングシートをかけて電子レンジ弱（150～200W）で30秒加熱する。
5. 下に敷いていたクッキングシートごと天板に移す。パンの中央に強力粉をつけた指をさしこんで、深く穴をあける。クッキングシートをかぶせ、その上に水でぬらして軽く絞ったペーパータオルをかけ、室温に10～20分おいて、2倍くらいの大きさになるまでふくらませる。
6. 上のクッキングシートとペーパータオルをとり、ハケで強力粉をふりかけ、180℃に温めたオーブンで12～15分焼く。

玄米のたき方

1. 耐熱ボウルに発芽玄米1パック（120g）を移し、熱湯240mlを注ぐ。両サイドを1cmほど残してラップをかける。
2. 電子レンジ強（600W）で4分（500Wなら5分）加熱する。目をはなさず見ていて、沸とうしてきたら弱（150～200W）に切りかえ、12分加熱。
3. とり出して、5分おくとでき上がり。

a

b

きびちびパン

生地の中にももちきびがたっぷり。
カリッと香ばしく焼けてます。

*1個　58kcal
*塩分　0.1g

材料 （直径15cm円形のものを9等分）

強力粉 …………………………… 70g
牛乳 ……………………………… 75ml
バター …………………… 小さじ2（8g）
ドライイースト … 小さじ1（4g）
塩 ……………………… 小さじ1/5（1g）
砂糖 ……………………… 大さじ1（9g）
もちきび ………………………… 30g
打ち粉用のもちきびと強力粉
　……………………………………… 適量

もちきび

雑穀のひとつで、ほのかな甘味と独特な苦味が特徴。玄米に1〜2割混ぜたり、もち米と混ぜてきびもちにしたり、粉にして和菓子にも使われます。植物繊維やカルシウム、とくにビタミンB群、亜鉛などが豊富に含まれています。

作り方

1. P.5の基本の作り方1〜3までと同様にして作り、4で残りの強力粉を混ぜるときに、もちきびもいっしょに加えて混ぜる。7では切らないで、12まで同様にして作り、丸く形作るところまで終了させる。

2. まな板に打ち粉用のもちきびをふり、生地を閉じ目を下にしておきなおし、手のひらで直径12cmの円形にのばす。

3. クッキングシートを敷いた耐熱皿に生地をのせて、クッキングシートをかぶせ、電子レンジ弱（150〜200W）で30秒加熱する。

4. 下に敷いたクッキングシートの上で、縦横2本ずつ包丁を入れて切りはなす（写真）。

5. クッキングシートのまま天板に移し、間隔をあけて並べ、クッキングシートをかぶせ、その上に水でぬらして軽く絞ったペーパータオルをかけ、室温に10〜20分おいて2倍くらいの大きさにふくらませる。

6. 上のクッキングシートとペーパータオルをとり、ハケで水を塗り、もちきびと強力粉をふりかけて、180℃に温めたオーブンで12〜15分焼く。

カラフルな色合いが子どもにもうける！
3色野菜パン
Vegetables Bread

3色野菜パン

野菜の甘味を生かしたパン。
野菜嫌い君も好きになるおいしさです。

ほうれん草パン	＊1個	189kcal	＊塩分	0.3g
かぼちゃパン	＊1個	221kcal	＊塩分	0.3g
にんじんパン	＊1個	194kcal	＊塩分	0.4g

材料 (3個分)

基本のパン生地の材料（P.4参照）	
……………………………………	全量
かぼちゃ ……………………	50g
ほうれん草 …………………	70g
にんじん ……………………	50g
打ち粉用の強力粉 …………	適量

作り方

1. かぼちゃは、皮をむき（皮は飾り用にとり、3つに切っておく）、水でぬらしてポリ袋に入れて、電子レンジ強（600W）で1分加熱する。袋の外からめん棒（またはビン）でたたいてつぶす（写真a）。

2. ほうれん草は洗って半分に切り、葉っぱ3枚を飾り用にとり分ける。葉が下、茎が上になるように残りをポリ袋に入れ、電子レンジ強（600W）で1分加熱する。水にとり、絞ってから細かくきざむ。

3. にんじんは、飾り用に2mm厚さの輪切り4枚をとる。残りはすりおろして、耐熱ボウルに入れ、ラップをして、電子レンジ強（600W）で1分加熱して冷ます。

4. P.5の基本の作り方1〜2までと同様にして作り、3で強力粉を1/3混ぜたら、3等分してボウルに分ける。各生地に飾り用以外の1のかぼちゃ、2のほうれん草、3のにんじんを加え混ぜ、残りの強力粉を3等分してそれぞれに加え、箸で混ぜる（写真b）。

5. それぞれの生地にクッキングシートをかぶせ、電子レンジ弱（150〜200W）で各生地を10秒加熱する。

6. 打ち粉をしたまな板に生地をとり出し、周囲の生地を内側に巻き込むようにして丸く形を整え、閉じ目はしっかり合わせる。まな板の上に間をあけて並べ、クッキングシートをかぶせ、その上に水でぬらして軽く絞ったペーパータオルをかけ、10分ほどおく。

7. まな板に打ち粉をして生地をおき、指で押さえてガスを抜く。周囲の生地を内側に巻き込むようにして丸めなおして直径8cmにする。クッキングシートのカップ3個に、それぞれの生地を入れ、クッキングシートをかぶせ、電子レンジ弱（150〜200W）で30秒加熱する。

8 とり出して、天板に移し、上からクッキングシートをかぶせ、その上に水でぬらして軽く絞ったペーパータオルをかけて、室温に10分おき、2倍ぐらいの大きさにふくらませる。

9 上のクッキングシートとペーパータオルをとり、飾り用にとっておいたかぼちゃ、ほうれん草、にんじんをそれぞれの生地にのせ、ハケで強力粉を生地の表面にふりかけ、180℃に温めておいたオーブンに入れ、15〜18分焼く。

a

b

一度は作ってみたかった
バゲット
Baguette

バゲット

2種類の粉を使って作るから、
外はパリッと、中はふんわり。

＊全量　379kcal
＊塩分　2.0g

材料 （長さ25cmのもの1本分）

強力粉	70g
薄力粉	30g
水	75ml
ドライイースト	小さじ1（4g）
塩	小さじ2/5（2g）
打ち粉用の強力粉	適量

＊強力粉と薄力粉のかわりに、フランスパン専用粉100gで作るともっと本格的。その場合は、打ち粉もフランスパン専用粉を。

作り方

1. P.5の基本の作り方1で耐熱ボウルに水を入れ、ラップをかけずに電子レンジ強（600W）で30秒加熱する。粉は、強力粉と薄力粉を混ぜて使い、5の一次発酵まで同様にして作る。

2. 打ち粉をしたまな板に生地をとり出し、周囲の生地を内側に巻き込むようにしながら俵形に整え、クッキングシートをかぶせ、その上に水でぬらして軽く絞ったペーパータオルをかけて、室温に10分おく。

3. 打ち粉をしたまな板の上に生地をおき、手のひらでつぶしながらガス抜きをする。上から1/3を折り返して、閉じ目を指先で押さえ、手のひらでつぶしてガスを抜く。反対側からも同様に折り返して、ガスを抜く（写真a）。さらに半分に折り、閉じ目をしっかり押さえる（写真b）。

4. 閉じ目を下にし、中央に両手をかさねておき、押さえるようにころがして約25cmにのばし、裏に返し、両端を折り込む。

5. 30cm角のクッキングシートの対角線上に生地をのせ、シートの両端を合わせ、中央でねじる。残った両端をねじる（写真c）。

6. ターンテーブルにのせて、電子レンジ弱（150〜200W）で30秒加熱する。

7. クッキングシートごと天板に移し、水でぬらして軽く絞ったペーパータオルをかけ、室温に20分おいて、2倍くらいの大きさになるまでふくらませる。

8. 上のペーパータオルをとり、クッキングシートのねじり目をといて、平らにする。カッターの先にサラダ油（分量外）をつけて、生地にななめの切り目を3〜4か所入れ、ハケで強力粉を表面にふる。

9. 180℃に温めたオーブンで、15〜20分焼く。途中で表面がかわいてきたら強力粉をふると、表面がかわかずに焼き色がしっかりつく。

バターと砂糖、ミルクを使わない
ヘルシーパン
Healthy Bread

ヘルシーパン

ダイエット中やアレルギーなどで
乳製品や糖分をとれない人もパンを楽しんで！

＊全量　453kcal
＊塩分　1.0g

材料 （1個分）

強力粉 …………………… 100g
水 ………………………… 75ml
サラダ油 ………… 小さじ2（8g）
ドライイースト … 小さじ1（4g）
塩 ……………… 小さじ1/5（1g）
打ち粉用の強力粉 ………… 適量

作り方

1. P.5の基本の作り方1で、耐熱ボウルに水とサラダ油を入れ、ラップをかけずに、電子レンジ強（600W）で30秒加熱する。とり出して、水が人肌程度になっていることをたしかめて、ドライイースト、塩、強力粉1/3を加えて、そのつど泡立て器で混ぜる。あとは、12まで同様にして作り、成形まで終了させる。
2. 生地を3個ずつ2列に並べ、手で合わせてくっつける（写真）。
3. 耐熱皿にクッキングシートを敷き、2をのせる。上にクッキングシートをかけ、電子レンジ弱（150〜200W）で30秒加熱する。
4. 下に敷いたクッキングシートごと天板に移し、クッキングシートをかぶせ、その上に水でぬらして軽く絞ったペーパータオルをかけ、室温に10〜15分ほどおいて、2倍くらいの大きさにふくらませる。これで二次発酵は終了。
5. 上のクッキングシートとペーパータオルをはずし、ハケで強力粉をふりかけ、180℃に温めたオーブンで15〜18分焼く。

本格的なピザが家でもできる！
マッシュルームピザ
Mushroom Pizza

カリカリ生地がうけてます
イタリアントマトピザ
Italian Tomato Pizza

マッシュルームピザ

たっぷりのったマッシュルームとにんにく、
隠し味のマヨネーズで驚きのおいしさ！

＊全量　668kcal
＊塩分　1.6g

材料 （直径20cmのもの1枚分）

基本のパン生地の材料（P.4参照）
……………………………全量
（生地は全量で作り、半量使う）
打ち粉用の強力粉 …………適量
オリーブオイル ………大さじ1
マッシュルーム（厚さ5mmに切る）
…………………………20個
パセリ（みじん切り）……大さじ3
にんにく（みじん切り）… 1かけ分
マヨネーズ …………大さじ3
塩・こしょう …………各少々

＊パン生地を全量使って、ピザを2枚作っても！　その場合はほかの材料も2倍に。

作り方

1. P.5の基本の作り方1～6までと同様にして作り、まな板に打ち粉をして生地をのせ2等分する。周囲の生地を内側に巻き込むようにして丸めなおし、閉じ目はつまんでしっかり合わせる。
2. 生地にクッキングシートをかぶせ、その上に水でぬらして軽く絞ったペーパータオルをかけ、室温に10～15分ほどおき、2倍くらいにふくらませる。
3. 30cm角のクッキングシートに2の生地1個をのせる。手のひらで押さえてガス抜きし、フォークで10か所穴をあけて（写真a）めん棒でのばし、生地を90度回してさらにのばして、直径20cmの円形にする（写真b）。
4. ボウルにマッシュルーム、パセリ、にんにく、マヨネーズ、塩、こしょうを合わせて混ぜる。
5. 3の生地をクッキングシートごと天板にのせて、オリーブオイルを塗り、4をのせる（写真c）。
6. 200℃に温めたオーブンで10～12分焼く。

a　　　b　　　c

イタリアントマトピザ

とろけて糸をひくチーズがたまりません！
甘みの強いプチトマトでぜひ試してみて。

＊全量　796kcal
＊塩分　4.8g

材料 （直径20cmのもの1枚分）

基本のパン生地の材料（P.4参照）
……………………………全量
（生地は全量で作り、半量使う）
打ち粉用の強力粉 …………適量
オリーブオイル ………大さじ1
ピザ用チーズ（ゴルゴンゾーラなど）………………………100g
にんにく（みじん切り）…4かけ分
プチトマト（2つに切る）……10個
バジルの葉 …………………4〜5枚
パセリのみじん切り …たっぷり
塩・こしょう …………各少々

＊パン生地を全量使って、ピザを2枚作っても！　その場合はほかの材料も2倍に。

作り方

1. P.5の基本の作り方1〜6までと同様にして作り、まな板に打ち粉をして生地をのせ2等分する。周囲の生地を内側に巻き込むようにして丸めなおし、閉じ目はつまんでしっかり合わせる。
2. 生地にクッキングシートをかぶせ、その上に水でぬらして軽く絞ったペーパータオルをかけ、室温に10〜15分ほどおき、2倍くらいにふくらませる。
3. 30cm角のクッキングシートに2の生地1個をのせる。手のひらで押さえてガス抜きし、フォークで10か所穴をあけてめん棒でのばし、生地を90度回してさらにのばして、直径20cmの円形にする。
4. クッキングシートごと天板にのせて、オリーブオイルを塗り、チーズ（ゴルゴンゾーラチーズ）とにんにくを散らし、トマトを重ならないように並べる。バジルの葉、パセリのみじん切りを散らし、塩・こしょうをふる。
5. 200℃に温めたオーブンで10〜12分焼く。

おやつパン

甘～いパンで
みんなニコニコ。
おなかも気持ちも
大満足できる
幸せパン！

シナモンシュガーの甘い香り！
シナモンロール
Cinnamon Roll

シナモンロール

*1個　79kcal
*塩分　0.1g

指でつまむと、ぷよっとした感触がたまらない。
小さくちぎって召し上がれ。

材料 （ロール12個分）

基本のパン生地の材料（P.4参照）
……………………………全量
打ち粉用の強力粉 …………適量
マーガリン …………大さじ2
Ⓐ グラニュー糖 ………大さじ2
└ シナモン …………小さじ1/2
Ⓑ 粉砂糖 …………大さじ4
└ 牛乳 ……………小さじ1～2

作り方

1. P.5の基本の作り方1～5の一次発酵、6まで同様にして作る。7で生地を切らないで、周囲の生地を内側に巻き込んで丸めて1個に形を整え、10のベンチタイムまで同様にして作る。

2. まな板に打ち粉をして生地をおき、めん棒でまな板いっぱいに約20×25cmサイズにのばす。

3. 生地にマーガリンをゴムべらで塗り、Ⓐを合わせたシナモンシュガーをふる。

4. のりまきの要領でくるくると巻き（写真a）、巻き終わりをしっかり閉じる（写真b）。

5. 4の生地をまず2等分、さらに2等分、最後に各3等分して、12個に切る（写真c）。切り口を上にしてバター（分量外）を塗った耐熱容器（16×16cm、深さ5cm）に並べ（写真d）、クッキングシートをかぶせて、電子レンジ弱（150～200W）で30秒加熱する。

6. とり出して、クッキングシートの上に水でぬらして軽く絞ったペーパータオルをかけ、室温に10～20分ほどおいて、2倍くらいの大きさにふくらませる。これで二次発酵は終了。

7. 上のクッキングシートとペーパータオルをはずし、180℃に温めたオーブンの中段で、15～18分焼く。

8. Ⓑの粉砂糖を牛乳で練って、スプーンで7の上にたらしかける。

a b c

d

47

まるで焼き菓子のようでしょ！
オレンジパン
Orange Bread

オレンジパン

パン生地にオレンジピールのほのかな甘さと苦味がよく合います。ミルクティーといっしょにどうぞ。

＊1個　123kcal
＊塩分　0.2g

材料 (6個分)

基本のパン生地の材料（P.4参照）
……………………………………全量
オレンジピール …………60g
オレンジ（厚さ5mmの輪切り）
……………………………………2枚分
打ち粉用の強力粉 …………適量

作り方

1. オレンジピールは細切り、オレンジは皮付きのままひとつを3つに切る。
2. P.5の基本の作り方1〜10のベンチタイムまで同様にして作る。
3. 打ち粉をしたまな板の上に生地をおき、指で押さえてガスを抜きながら直径10cmの円形にのばし、中央に1のオレンジピール1/6をのせる（写真a）。生地のまわりをだいたい3辺に分け、2辺を持ち上げて合わせ（写真b）、残った1辺も合わせ、合わせ目をしっかり閉じる（写真c）。
4. クッキングシートを敷いた耐熱皿に3を並べ、上にもクッキングシートをかけて、電子レンジ弱（150〜200W）で30秒加熱する。
5. 天板にクッキングシートごと移し、間をあけて並べなおし、上のクッキングシートの上に水でぬらして軽く絞ったペーパータオルをかけ、室温に10分ほどおき、2倍くらいの大きさになるまでふくらませる。
6. 上のクッキングシートとペーパータオルをはずし、ハケで強力粉を生地の表面にふりかけて、1のオレンジをのせる。180℃に温めたオーブンで12〜15分焼く。

中身はなにかな

3スイーツパン
スリー
Three Sweet Bread

3スイーツパン

小さなパンには、チョコレートとあんこといちごジャム。
3個で肩寄せ合っている姿がいとおしいでしょ。

＊1個　280kcal
＊塩分　0.3g

材料 (3個分)

基本のパン生地の材料（P.4参照）
　………………………………全量
あんこ（市販品）…………60g
チョコレート ……………30g
いちごジャム　………小さじ3
打ち粉用の強力粉 …………適量

作り方

1　あんこは、3等分して丸める。チョコレートは3等分しておく。

2　P.5の基本の作り方1～5の一次発酵まで同様にして作り、7では生地を9等分し、10のベンチタイムまで終了させる。

3　まな板に打ち粉をして、2の生地をのせ、指で押さえてガス抜きをし、めん棒で直径6cmの円形にのばす。

4　1枚の生地にあんこ1個をのせて、生地のまわりを寄せ（写真a）、合わせ目をしっかり閉じる（写真b）。残りの2個のあんこと、チョコレートとジャムも同じようにして包む。3種を1組として、クッキングシートカップにのせる（写真c）。

5　耐熱皿に4をのせ、クッキングシートをかけて、電子レンジ弱（150～200W）で30秒加熱する。

6　カップごと天板に移し、上のクッキングシートの上に水でぬらして軽く絞ったペーパータオルをかけ、室温に10分おいて、2倍くらいの大きさにふくらませる。これで二次発酵は終了。

7　上のペーパータオルとクッキングシートをとって、ハケで表面に強力粉をふりかけ、180℃に温めたオーブンで12～15分焼く。

a　　b　　c

ボコボコ姿がいもっぽい？
チョコレートパン
Chocolate Bread

チョコレートパン

素朴な姿を割ってみると、中にはチョコがとろ〜り。
コーヒー生地とチョコの組み合わせがベストです！

＊1個　137kcal
＊塩分　0.1g

材料 (8個分)

基本のパン生地の材料（P.4参照）
……………………………………全量
インスタントコーヒー（粉末）
…………………………小さじ1
ミルクチョコレート（8等分する）
…………………………100g
打ち粉用の強力粉 …………適量

作り方

1. P.5の基本の作り方1で、牛乳とバターにインスタントコーヒーを加え混ぜ、ラップをかけずに、電子レンジ強（600W）で30秒加熱し、6まで同様にして作り、7で生地を8等分して、10のベンチタイムまで同様にして作る。

2. まな板に打ち粉をして生地をのせ、めん棒で直径10cmにのばし、チョコレートの1/8量をのせて、生地のまわりを寄せて閉じ（写真a）、閉じ目を下にしておき、手で押さえる（写真b）。

3. 耐熱皿にクッキングシートを敷いて2を並べ、上にもクッキングシートをかけて電子レンジ弱（150〜200W）で30秒加熱する。

4. クッキングシートごと天板に移し、間をあけて並べかえる。クッキングシートをかぶせ、その上に水でぬらして軽く絞ったペーパータオルをかけ、室温に10分おいて2倍くらいの大きさにふくらませる。これで二次発酵終了。

5. 上のクッキングシートとペーパータオルをはずし、ハケで表面に軽く強力粉をふり、180℃に温めたオーブンで12〜15分焼く。

a　b

いがぐり頭の正体はピスタチオ
はちみつパン
Honey Bread

はちみつパン

はちみつを加えただけで、
コクのある、しっとり生地になりました。

＊1個　185kcal
＊塩分　0.3g

材料 (4個分)

強力粉	100g
牛乳	75ml
バター	小さじ2 (8g)
はちみつ	大さじ1 (22g)
ドライイースト	小さじ1 (4g)
塩	小さじ1/5 (1g)
ピスタチオ (皮をむいて刻んだもの)	30g
打ち粉用の強力粉	適量

作り方

1. P.5の基本の作り方1で、牛乳とバターにはちみつを加え、ラップをかけずに、電子レンジ強 (600W) で30秒加熱し、6まで同様にして作り、7で生地を4等分して、12の成形まで同様にして作る。
2. 皿にピスタチオを入れて、生地の表面を下にしてつける。
3. 耐熱皿にクッキングシートを敷き、間をあけて生地を並べる。上にもクッキングシートをかけて、電子レンジ弱 (150～200W) で30秒加熱する。
4. 下に敷いたクッキングシートごと天板に移し、間隔をあけて並べる。クッキングシートをかぶせ、その上に水でぬらして軽く絞ったペーパータオルをかけ、室温に10分ほどおき、2倍くらいの大きさになるまでふくらませる。これで二次発酵終了。ふくらみが悪いときは、さらに10分おく。
5. 上のクッキングシートとペーパータオルをはずし、ハケで表面に軽く強力粉をふり、180℃に温めたオーブンで12～15分焼く。

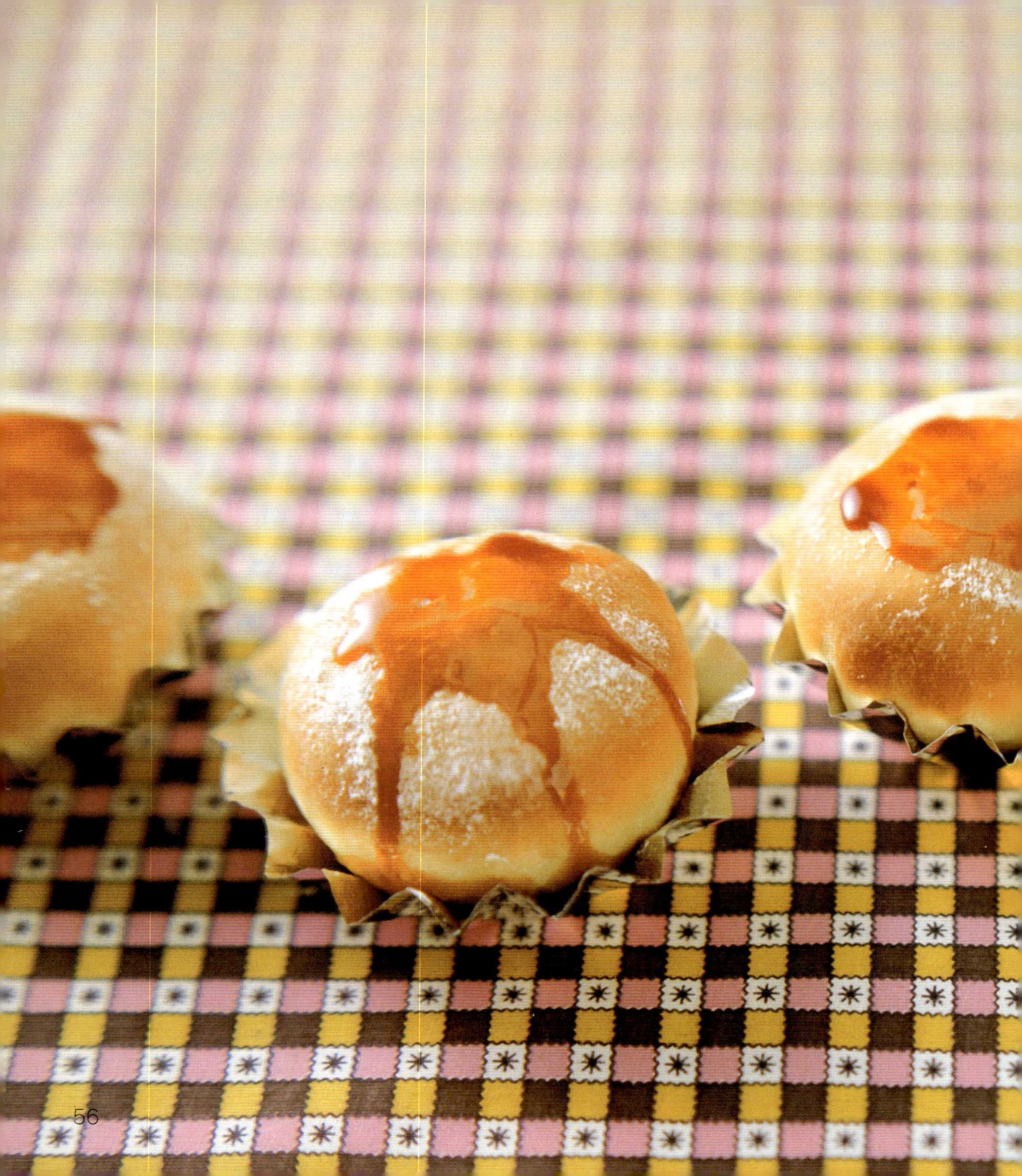

苦味のきいたカラメルが味のポイント

プリンパン
Pudding Bread

プリンパン

カスタードクリームもカラメルソースも電子レンジで簡単。
パン生地にカラメルがじわっと染み込んで、もう最高。

＊1個　190kcal
＊塩分　0.2g

材料 （直径5cmの星形アルミケース6個分）

基本のパン生地の材料（P.4参照）
　………………………………**全量**
打ち粉用の強力粉 ………**適量**
〈カスタードクリーム〉
　薄力粉（ふるっておく）…**20g**
　砂糖 ………………………**40g**
　卵黄 ………………………**2個分**
　バニラエッセンス ………**5滴**
　牛乳 ………………………**1カップ**
〈カラメルソース〉
　Ⓐ砂糖 ……………………**30g**
　└水 …………………………**大さじ1**
　Ⓑ水 …………………………**大さじ1½**
　└バニラエッセンス ………**数滴**

作り方

1　カスタードクリームを作る。耐熱ボウルに薄力粉、砂糖を入れて泡立て器で混ぜ、卵黄、バニラエッセンス、牛乳少々を加えて、なめらかになるまで練り混ぜる。残りの牛乳を少しずつ加えて溶き、ラップをして、電子レンジ強（600W）で2分加熱する。とり出して混ぜ（写真a）、さらに電子レンジ強（600W）で1分加熱する。とり出してよく混ぜ（写真b、c）、冷ましておく。

2　カラメルを作る。耐熱ボウルにⒶの砂糖と水を入れて、静かに混ぜて全体に水分をいきわたらせる。ラップはしないで電子レンジ強（600W）で3〜4分加熱する。カラメル色になりかけたらすぐにとり出して、ボウルをゆすって好みの色かげんにし、すぐにⒷの水を加えて溶けのばす（写真d）。溶けにくいときは、あと1分ほど電子レンジにかけるとよい。バニラエッセンスを加え、ボウルの底を水で冷やしてとろみをつける。

3　パン生地はP.5の基本の作り方10のベンチタイムまで終了させる。

4　まな板に軽く打ち粉をして3の生地をおき、指で軽く押さえてガス抜きをし、めん棒で直径10cmの円形にのばす。

5　カスタードクリームを⅙のせて、周囲の生地を内側に寄せながら丸めて、合わせ目をしっかり閉じ、合わせ目を下にしてアルミカップにのせる。

6　耐熱皿に並べ、クッキングシートをかぶせ、電子レンジ弱（150〜200W）で1分加熱する（アルミカップを使用するので、加熱時間は長くなる）。

7 天板に移し、均等に並べ、クッキングシートをかぶせ、その上に水でぬらして軽く絞ったペーパータオルをかけ、室温に10〜15分おいて、2倍くらいの大きさにふくらませる。これで二次発酵は終了。
8 上のクッキングシートとペーパータオルをとり、ハケで強力粉をふりかけて180℃に温めたオーブンで12〜15分焼く。
9 とり出して、カラメルソースをかける。

クルクル巻いた生地がキュート！
ハムチーズロール
Ham & Cheese Roll

60

パンのポケットに好きなものつめ込んで

ピタパン
Pitta Bread

ハムチーズロール

ハムとチーズはおいしい定番コンビ。
ボリュームいっぱいだから、はらぺこ君も大喜びです。

＊1個　239kcal
＊塩分　1.3g

材料 (4個分)

基本のパン生地の材料（P.4参照）
……………………………全量
プロセスチーズ（1cm厚さのもの
を横に2等分する）…4切れ（80g）
ハム（薄切り）……………4枚
打ち粉用の強力粉 …………適量

作り方

1. P.5の基本の作り方1〜5の一次発酵まで同様にして作り、7では生地を4等分し、10のベンチタイムまで終了させる。
2. まな板に打ち粉をして生地をのせ、打ち粉をしながら指で押さえてガス抜きをする。両手ではさんで10cm長さの棒状にし、まな板の上で転がしてさらに20cmのひも状にのばす（写真a）。
3. チーズ2切れを縦長に並べ、ハムを巻きつける。生地を端からくるくると巻きつけ、巻き終わりを指でつまんでとめる（写真b）。
4. 耐熱皿にクッキングシートを敷いて並べ、上からもクッキングシートをかけて、電子レンジ弱（150〜200W）で30秒加熱する。
5. クッキングシートごと天板に移し、間隔をあけておきなおし、上にクッキングシートをかぶせ、その上に水でぬらして軽く絞ったペーパータオルをかけ、室温に10〜15分おいて2倍くらいの大きさにふくらませる。これで二次発酵終了。
6. 上のクッキングシートとペーパータオルをはずし、ハケで強力粉を軽くふりかけて、180℃に温めたオーブンで12〜15分焼く。

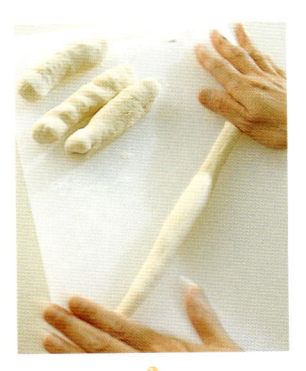

a　　　　　　　　b

ピタパン

プクッとふくらんだ生地を2つに切って使ってね。
フィリングは、生クリームやフルーツをつめて甘くしても。

＊1個　132kcal
＊塩分　0.2g

材料 （4枚分）

基本のパン生地の材料（P.4参照）
……………………………全量
好みのフィリング ………適量
打ち粉用の強力粉 ………適量

作り方

1. P.5の基本の作り方1〜5の一次発酵まで同様にして作り、7では生地を4等分し、10のベンチタイムまで終了させる。
2. まな板に打ち粉をして、生地をのせ、打ち粉をしながら指で押さえてガス抜きをし、めん棒で厚さ3mm、直径8〜9cmの円形にのばす。
3. 耐熱皿にクッキングシートを敷き、生地を並べる（写真）。上にクッキングシートをかけ、電子レンジ弱（150〜200W）で30秒加熱する。
4. 下に敷いたクッキングシートごと3を天板に移し、間をあけて並べかえ、上にクッキングシートをかぶせ、その上に水でぬらして軽く絞ったペーパータオルをかけ、室温に10分ほどおいて、2倍くらいの大きさにふくらませる。これで二次発酵終了。
5. 上のクッキングシートとペーパータオルをはずし、170℃に温めたオーブンで5〜6分、ぷくっとふくらむまで焼く。
6. 2つに切って、口を開き、好みのフィリングをつめる。

フィリング

材料（ピタパン4枚分）
アボカド ……………………1個
トマト（5mm幅の輪切り）…1個
玉ねぎ（輪切りにし、水にさらす）
………………………………少々
ルッコラ ……………………8枚

作り方

1. アボカドは、皮の中央にくるりと包丁の切り込みを入れる。両手で持ち、逆ひねりにして、2つに分ける。残った種を抜きとり、皮をむいて果肉を1cmの角切りにする。
2. ピタパンに1のアボカドとトマト、玉ねぎ、ルッコラをつめる。

生のブルーベリーがジューシー
ブルーベリーパン
Blueberry Bread

ブルーベリーパン

*1個　119kcal
*塩分　0.2g

生のブルーベリーとジャムでダブルのおいしさ。
小さなケーキのようで、おやつにぴったりです。

材料 (6個分)

基本のパン生地の材料（P.4参照）
……………………………………全量
ブルーベリージャム　…大さじ3
ブルーベリー（生）……30〜42粒
打ち粉用の強力粉　…………適量

作り方

1. P.5の基本の作り方1〜10のベンチタイムまで同様にして作る。
2. まな板に打ち粉をして、生地をのせて、上からも打ち粉をし、指で押さえてガス抜きをしながら直径8cmの円形にのばす。上下左右を内側に折り込み（写真a）、3×5cmの長方形にまとめる。裏返し、手でかるくのばして5×8cmの長方形にする。
3. クッキングシートを敷いた耐熱皿に生地を並べ、上にもクッキングシートをかけて、電子レンジ弱（150〜200W）で30秒加熱する。
4. 天板にクッキングシートごと移して生地を並べかえ、カッターの先にサラダ油（分量外）をつけて、生地の中央に切り込みを入れ（写真b）、その切り込みにジャムを1/6ずつのせ、その上にブルーベリーを5〜7粒ずつのせる。
5. 上からクッキングシートをかぶせ、その上に水でぬらして軽く絞ったペーパータオルをかけ、室温に10分おいて2倍くらいの大きさにふくらませる。
6. 上のクッキングシートとペーパータオルをはずし、180℃のオーブンで12〜15分、きつね色になるまで焼く。

フライパンで揚げて作るパン

外はカリカリ、中はジワッ！
ピ ロ シ キ
Piroshki

サクサク生地がたまらないおいしさ
ねじりん棒ドーナツ
Doughnut

ピロシキ

キャベツたっぷりのあんがヘルシー！
一度食べたら、絶対リクエストがくるおいしさです。

＊1個　315kcal
＊塩分　0.7g

材料 （6個分）

基本のパン生地の材料（P.4参照）
……………………………全量
打ち粉用の強力粉 …………適量
〈キャベツあん〉
　豚ひき肉 ……………100g
　サラダ油……………小さじ2
　玉ねぎ（みじん切り）……1/4個分
　にんにく（みじん切り）…1かけ分
　塩・こしょう …………各少々
　しょうゆ・小麦粉…各大さじ1
　キャベツ（せん切り） …200g
　塩 ……………………適量
　小麦粉・溶き卵・パン粉…各適量
揚げ油 ……………………適量

作り方

1. キャベツあんを作る。フライパンにサラダ油を熱し、豚ひき肉と玉ねぎ、にんにくを炒め、火が通ったら、塩、こしょう、しょうゆで調味し、小麦粉をふり込み、そぼろ状になるまで炒め、冷ましておく。キャベツは、塩をふってしんなりしたら、かたく絞る。炒めたひき肉とキャベツを混ぜて、6等分して丸めておく。
2. パン生地は、P.5の基本の作り方1〜10のベンチタイムまで同様にして作る。
3. まな板に打ち粉をして、2の生地をのせ、打ち粉をしながら指で押さえてガス抜きをし、めん棒で直径10cmの円形にのばす。
4. 1のキャベツあんを1個のせて、左右の生地を寄せて、合わせ目をしっかり閉じ（写真a）、手で押さえて平らにする。
5. 4に小麦粉、溶き卵、パン粉の順につける。
6. フライパンに揚げ油を1〜1.5cm深さに注ぎ、超低温（140℃）に温める。5を入れ、2倍の大きさにふくらむまで、上下を何度も返しながらきつね色になるまで揚げ（写真b）、油を切る。

a

b

ねじりん棒ドーナツ

おいしく揚げるコツは、何度も裏返しながら揚げること。
砂糖を思いっきりまぶして、食べちゃいましょう。

＊1個　150kcal
＊塩分　0.2g

材料 (6個分)

基本のパン生地の材料（P.4参照）	全量
打ち粉用の強力粉	適量
揚げ油	適量
砂糖	大さじ2
粉砂糖	大さじ1

作り方

1 P.5の基本の作り方1～10のベンチタイムまで同様にして作る。

2 まな板に打ち粉をして、生地をのせ、打ち粉をしながら指で押さえてガス抜きをし、生地の表面を中に巻き込んで丸める。

3 両手で細長くのばし、左右をひっぱり、中央から折って、組みひものようにねじって（写真）、両端を手でつまんで止める。

4 フライパンに揚げ油を1～1.5cm深さに注ぎ、超低温（140℃）に温める。3を入れ、2倍の大きさにふくらむまで、上下を返しながらきつね色になるまで揚げ、油を切る。

5 紙袋に砂糖と粉砂糖を入れ、4のドーナツを入れて口を閉じてふる。

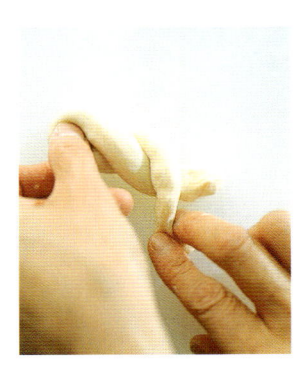

電子レンジでチンして作るパン

さつまいも入りと抹茶味の2種
蒸しパン
Steam Bread

蒸しパン

蒸すのも電子レンジにおまかせ。
混ぜるものを変えれば、バリエも自在です。

＊1個　111kcal
＊塩分　0.2g

材料 （さつまいも蒸しパン6個分）

〈蒸しパン生地〉
薄力粉 …………………100g
牛乳 ……………………65ml
サラダ油 ………………小さじ2
塩 ………………………小さじ1/5（1g）
砂糖 ……………………大さじ1（9g）
ドライイースト …………小さじ1（4g）
さつまいも ……………100g
打ち粉用の強力粉 …………適量

バリエ 抹茶蒸しパン

1個140kcal　塩分0.2g
材料（6個分）
蒸しパン生地 ……………全量
抹茶 ………………………小さじ1
打ち粉用の強力粉 ………適量
甘納豆 ……………………100g

作り方
薄力粉に抹茶を加えて、一緒にふるっておき、混ぜる。甘納豆は、2回目に粉を混ぜる（P.5の基本の作り方の4）ときに加えておく。あとは、さつまいもを加えずに、さつまいもの蒸しパンと同様にして作る。

作り方

1. さつまいもは、皮つきのまま1.5cm角に切り、水にさらしてざるに上げておく。
2. 蒸しパン生地は、P.5の基本の作り方で、バターをサラダ油にかえ、牛乳の量をへらし、強力粉を薄力粉にかえる。あとは10まで同様にして作り、一次発酵まで終了させる。
3. 打ち粉をしたまな板の上に2の生地をおき、指で押さえてガス抜きをし、生地の表面を中に巻き込むようにして丸め、クッキングシートカップに入れて耐熱皿に並べる。
4. 3の上にクッキングシートをかぶせ、電子レンジ弱（150～200W）で30秒加熱する。
5. とり出して、クッキングシートをとり、生地の上にさつまいもを均等にのせ、指で軽く押さえる。クッキングシートをかぶせ、その上に水でぬらして軽く絞ったペーパータオルをかけ、室温に10～15分おき、2倍くらいにふくらませる。
6. ターンテーブルに直径18cmの耐熱皿をのせて、熱湯1カップを注ぐ。その上に割り箸2ぜんをバラして渡し、5の生地がのった皿をのせる（写真）。
7. クッキングシートをかぶせ、電子レンジ強（600W）で5分加熱する。
8. 2倍にふくらんで、指でさわってみて表面がかたくなっていたら、でき上がり。

基本の生地に
もうひと工夫して
クロワッサンを
作ろう！

基本のパン生地の粉をかえて、バターを加えれば、
クロワッサンだってできるんです。
サクサク感を出すために、
生地を何度か折るちょっとした手間はありますが、
でき上がったパンを食べれば、納得です！

クロワッサン
Croissant

＊1個　208kcal　　＊塩分　0.2g

材料（4個分）

強力粉	75g
薄力粉	25g
牛乳	75ml
バター（食塩不使用・またはマーガリン）	小さじ2（8g）
塩	小さじ1/5（1g）
砂糖	大さじ1（9g）
ドライイースト	小さじ1（4g）
折り込み用バター（食塩不使用）	40g
打ち粉用の強力粉	適量

作り方

バターを成形する

1 折り込み用バターは、クッキングシートにはさんでめん棒でたたき、約7cm角にのばし、ラップに包んで冷蔵庫で冷やす。

パン生地を作る

2 P.5の基本の作り方3と4で、強力粉と薄力粉を合わせてふるった粉を使い、7では切らないで丸め、10まで同様にする。

3 打ち粉をしたまな板の上に生地をおき、指で押さえてガスを抜く。

4 生地の4隅にめん棒をあててななめにのばす。生地の中央は厚いまま残すのがポイント。

5 ハケで生地のふちに水を軽く塗る。※これは生地と生地がぴったりくっついて、中に空気を包み込まないようにするため。

6 生地の中央の高い部分に、冷蔵庫で冷やしておいた1のバターをのせる。

7 生地の一辺を持ち、生地の裏についている余分な打ち粉をハケで払いながら、バターを包むように折る。

8 残りの3辺も同じようにして、空気が入らないようにきっちり包む。

生地をのばす ▶▶▶▶▶▶▶▶▶▶▶▶▶▶▶▶▶▶▶▶▶▶▶▶

9 生地の両面に打ち粉をし、中央にめん棒をのせ、体重をかけながら、押さえるようにして上のほうに4回ぐらい動かす。

10 めん棒を生地の中央に戻し、同じように手前に向かって4回、体重をかけながらめん棒を動かす。

11 生地を裏返し、**9**、**10**と同様にして生地を縦長にのばす。

12 めん棒をころがして生地の凹凸を平らにし、最後に生地の長さが幅の3倍になるようにのばす（約12×36cm）。

▶▶▶▶▶▶▶▶▶▶▶▶▶▶▶▶▶▶▶▶▶▶▶▶

13 ハケで打ち粉を払いながら、手前の1/3と、反対側の1/3を内側に折り返す。これで、三つ折りの1回目が終了。

14 生地を90度回しておき、**9〜14**を2度くり返す。
※途中でバターが溶けてはみだしそうになったら、冷凍庫で20分ねかせてください。

15 ラップでぴっちり包む。
※このあとフリーザーに入れるのは、生地をのばす作業をラクにするため。決して凍らせるためではありません。

16 冷凍庫で20分ねかせる

※生地を冷凍して保存する場合は、**15**をラップごとファスナーつきビニール袋に入れて冷凍します。約1カ月をめどに使うこと。

クロワッサン形を成形する

17 16の冷やした生地をまな板にのせ、打ち粉をしてめん棒で12×24cmの長方形にのばす。端は、包丁でカットして整える。

18 生地の両サイドに、6cm間隔で約1cmの切り込みを3カ所入れ、左右の切り込みに、たがいちがいに切る。

19 上下の1/2の三角形は、2つの生地の中央を少しかさねて、指で押さえて正三角形にし、ひとつの生地にする。

20 とがったほうを上にしてまな板に置き、中央より上をめん棒で厚さ2mmにのばす。左右の生地も中央からななめ下にのばす。

21 長さ約18cmの三角形にのびたら、中央の切れ込みの部分から巻く。

22 生地を左右にひっぱりながら、のばしぎみにくるくると巻いていく。

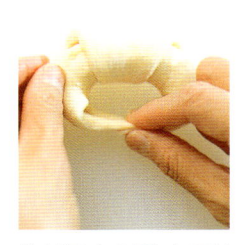

23 巻き終わりを下にしておき、左右の生地を内側に曲げて、三日月形（クレッセント）にする。残り3個も同様にする。

焼く

24 あとは、基本の作り方のP.8の13〜16までと同様にして、きつね色になるまで焼く。

クロワッサン生地で作るパン

サクサクの生地でおいしさ2倍！
フルーツデニッシュ
Fruit Danish

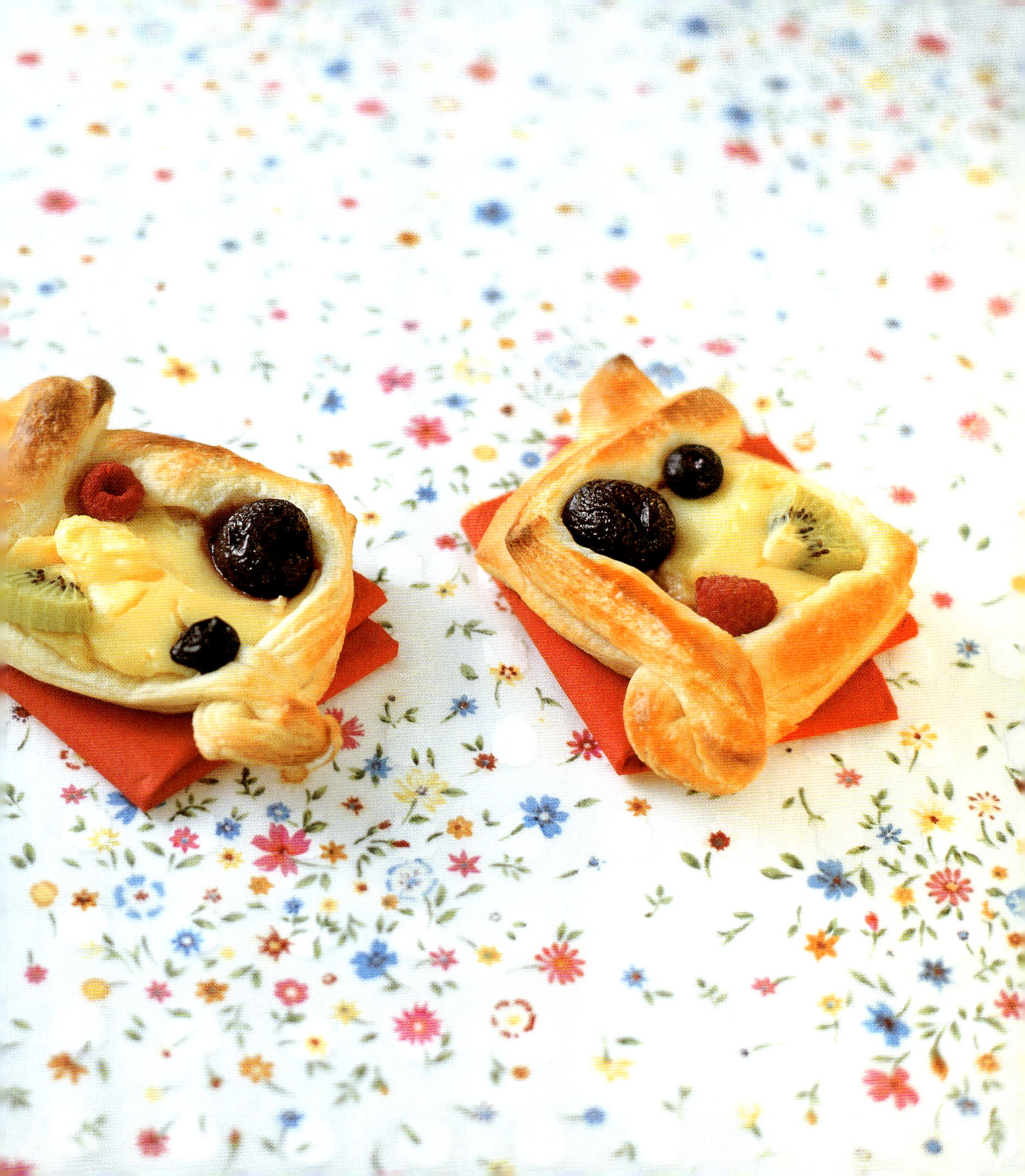

フルーツデニッシュ

カスタードクリームの甘みと
フルーツの酸味がサクッと軽い生地によく合います。

＊1個　280kcal
＊塩分　0.2g

材料 (4個分)

クロワッサン生地の材料(P.73参照)
……………………………………全量
打ち粉用の強力粉 …………適量
〈**カスタードクリーム**〉
　薄力粉（ふるっておく）大さじ1
　砂糖 ………………………大さじ2
　卵黄 …………………………1個分
　バニラエッセンス ………5滴
　牛乳 ………………………1/2カップ
キウイ（皮をむき、厚さ5mmの輪
　切り）………………………1枚分
ダークチェリー ……………4粒
ラズベリー ……………………4粒
ブルーベリー ………………4粒
溶き卵 …………………………適量

作り方

1 カスタードクリームは、P.58のプリンパンのカスタードクリームと分量を変えて、同様にして作る。

2 クロワッサン生地は、P.73の作り方1〜16までと同様にして作る。

3 打ち粉をしたまな板に生地をおき、12×24cmにのばす。半分に切り、それぞれを12×22cmにのばし、さらに半分に切り、4枚の生地にする。

4 生地のふちにそって、1cmほど内側にL字形の切り込みを2本入れる（5mmぐらいは切りはなさないでおく・写真a）。

5 生地に溶き卵を塗り、角を持ち上げて、対角の内側にのせる（写真b）。もうひとつの角も持ち上げて、反対側の対角にのせる（写真c）。

6 クッキングシートを敷いた耐熱皿に上の生地を並べ、上にクッキングシートをかぶせ、電子レンジ弱（150〜200W）で30秒加熱する。

7 下に敷いたクッキングシートごと天板に移し、1のカスタードクリームと4種類のフルーツ（キウイは四つ切りにする）を1つずつのせ（写真d）、溶き卵を生地に塗る。

8 クッキングシートをかぶせ、その上に水でぬらして軽く絞ったペーパータオルをかけ、室温に10分おく。
9 上のクッキングシートとペーパータオルをはずし、180℃に温めたオーブンで12～15分、きつね色になるまで焼く。

クロワッサン生地で作るパン

洋酒の香りがほのかに漂う、しゃれたお菓子！

シュトーレン
Stollen

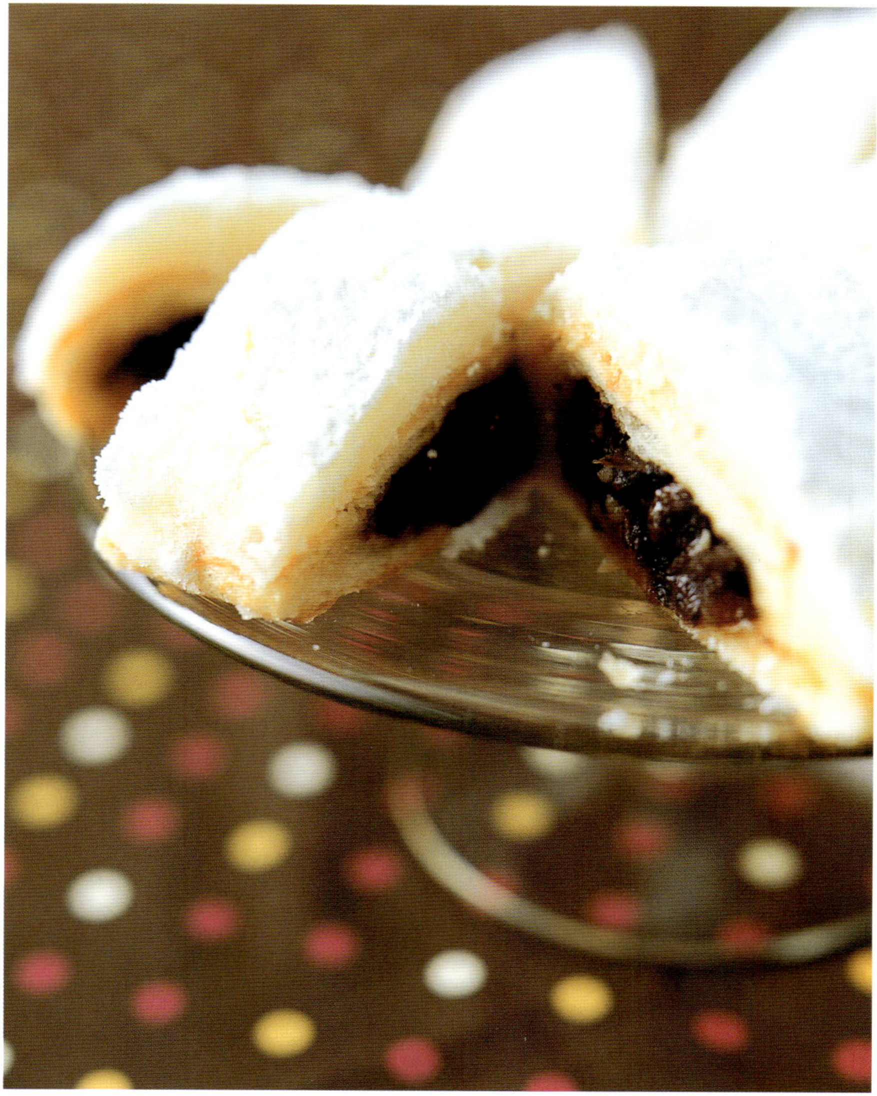

シュトーレン

ドイツの伝統的なクリスマス用お菓子。
濃厚な味だから、薄く切って召し上がれ。

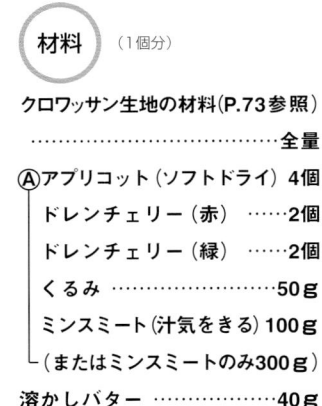

＊全量　1899kcal
＊塩分　1.1g

材料 (1個分)

クロワッサン生地の材料(P.73参照)
……………………………………全量
Ⓐアプリコット（ソフトドライ）4個
　ドレンチェリー（赤）……2個
　ドレンチェリー（緑）……2個
　くるみ ………………… 50g
　ミンスミート（汁気をきる）100g
　（またはミンスミートのみ300g）
溶かしバター ……………… 40g
砂糖 ………………………… 80g
粉砂糖 …………………… 大さじ2

作り方

1. クロワッサン生地は、P.73の作り方1～16までと同様にして作る。
2. 打ち粉をしたまな板に生地をおき、12×24cmにのばす。
3. Ⓐのドライフルーツを細かくきざみ、ミンスミートと合わせて混ぜておく。2の生地の中央にのせ（写真a）、1/3のところから折り曲げ、合わせ目を1cmぐらいずらして指でとめて閉じる（写真b、c）。
4. 30cm角のクッキングシートの対角線上に3をのせ、シートの両端を合わせ、中央でねじる。残った両端をつまんでねじる（写真d）。
5. ターンテーブルにのせて、電子レンジ弱（150～200W）で30秒加熱する。
6. クッキングシートごと天板に移し、水でぬらして軽く絞ったペーパータオルをかけ、室温に10分おき、2倍くらいの大きさにふくらませる。
7. クッキングシートのねじり目をといて、平らにし、180℃に温めたオーブンで、15～18分焼く。
8. パン生地が熱々のうちに、溶かしバターを半量かけ、上から砂糖を半量かけて、手のひらで押さえる。さらに、残りの溶かしバターをかけ、砂糖をかけて手のひらで押さえる。あみの上やペーパータオルにのせて、完全に冷ます。
9. 冷めたら、粉砂糖を茶こしでふりかける。

a

b

c

d

ミンスミート

レーズン類やチェリー、干しいちじくなど、十何種類ものドライフルーツや木の実を、ケンネ脂または牛脂と酒を加えて漬け込んで作る、菓子食材。作る人によって、加えるフルーツや酒などが異なります。市販のものもありますが、作っておけば長く保存できます。

電子レンジで作る
簡単ジャム

手作りのジャムも、電子レンジならちゃちゃっと簡単。
さらっとしているからパンにたっぷりのせて食べたくなります。

りんごジャム

パイナップルジャム

いちごジャム

ブルーベリージャム

りんごの自然な甘味がおいしい！
りんごジャム

材料 （でき上がり1カップ分）
りんご……………………1個
砂糖 ……………………50g
レモン汁 ……………大さじ1

作り方

1. りんごは6つに切り、皮がきれいなときは皮つきで、皮の色がよくないときはむく。しんを除いて2mm幅の薄切りにする。
2. 耐熱ボウルに**1**のりんご、砂糖、レモン汁の順に入れ、ボウルの両サイドを1cmずつあけてラップをし、電子レンジ強（600W）で3分加熱する。
3. とり出してかき混ぜ、ラップをしないでさらに電子レンジ強（600W）で2分加熱して煮つめる。

ほのかに酸味のきいた、ジューシーなジャム
パイナップルジャム

材料 （でき上がり1カップ分）
パイナップル（缶詰）…200g
砂糖 ……………………50g
レモン汁 ……………大さじ1

作り方

1. 耐熱ボウルに、粗みじんにしたパイナップル、砂糖、レモン汁の順に入れる。
2. ボウルの両サイドを1cmずつあけてラップをし、電子レンジ強（600W）で3分加熱する。煮たってきたら、ラップをとり、さらに電子レンジ強（600W）で3分加熱して煮つめる。

ジャムの定番。砂糖はいちごの甘さで調整を！
いちごジャム

材料（でき上がり1カップ分）

いちご（ヘタをとったもの）………200g
砂糖……………………………100g
レモン汁………………………大さじ2

作り方

1. いちご全量の3倍以上の大きさの耐熱ボウルに、いちごを入れて砂糖をのせ、レモン汁を加える。
2. ボウルの両サイドを1cmずつあけてラップをし、電子レンジ強（600W）で2分加熱する。砂糖が溶けたら木べらで混ぜ、ラップをしないで電子レンジ強（600W）で10分加熱して煮つめる。

さらっとした口あたり
ブルーベリージャム

材料（でき上がり1カップ分）

ブルーベリー（生または冷凍）…200g
砂糖……………………………60g
レモン汁………………………大さじ2

作り方

1. 耐熱ボウルにブルーベリーと砂糖、レモン汁を入れる。
2. ボウルの両サイドを1cmずつあけてラップをし、電子レンジ強（600W）で4分加熱する。ふきこぼれそうになったら、ラップをはずして4分加熱して煮つめる。

＊冷凍ブルーベリーのときは、2分加熱時間を延長する。

パンによく合うドリンク
いつもの飲み物にちょちょっとひと工夫で、ほらおいしい！

酸味がきいた、大人のドリンク！
ポートパンチ
作り方
グラスにブランデー小さじ1〜2とグレープフルーツジュース100ml、氷を2〜3個入れ、赤ワイン30mlをグラスのふちから静かに注ぐ。

泡帽子でおしゃれに変身！
ホットショコラ
作り方
カップに、ココアミックス大さじ2と牛乳150mlを入れて混ぜ、電子レンジ強（600W）で1分30秒加熱する。泡ミルク用のホイッパーに牛乳50mlを入れて、電子レンジ強（600W）で1分加熱。ホイッパーを上下させて泡ミルクを作り上にのせる。

チン！すればすぐできる！
カフェ・オ・レ
作り方
カップに水100mlとインスタントコーヒー小さじ山盛り1を入れる。混ぜないで電子レンジ強（600W）で1分加熱する。牛乳100mlを加え、さらに電子レンジ強（600W）で1分加熱する。好みで砂糖を加える。

甘～い香りのオ・レはいかが？
アーモンド・オ・レ
作り方
カップに牛乳150mlを注ぎ、電子レンジ強（600W）で1分30秒加熱し、アマレット小さじ1～2と砂糖を適量加えて混ぜる。

パンが上手にできない！
こんなときどうするの？
Q&A

電子レンジパンの本を出版してから、村上さんの事務所や編集部には、電子レンジパンについての質問の電話やメールが数多く寄せられています。その中でも、とくに多かった質問をピックアップ。パン作りの参考にしてください。

Q あまりふくらまないようで、パンが焼き上がってもふわふわになりません

A いろいろな原因が考えられますが、とくに次のことをチェックしてください

1 粉を混ぜすぎてはいませんか？ 混ぜすぎないことがポイントです

　パン＝こねるというイメージを持っている方が多く、残りの粉を入れて箸で混ぜるときに、つい混ぜすぎてしまうようです。混ぜすぎると、電子レンジの電磁波がうまく作用しないで、発酵ができなくなり、その結果ふくらみが悪くなって、かたい生地になってしまいます。

　私の場合、箸で混ぜるときは、ボウルの底から生地をすくうようにして、10回から15回程度です。混ぜ方にもよるので加減してください。

❌ なめらかになるまで混ぜてはダメ

⭕ 粉が残っていてぼそぼその状態でOK

2 ベンチタイムでちゃんとふくらんでいますか？

　ベンチタイムでは、2倍くらいにふくらむまで室温におきますが、室温は季節や地域によって違うので、ふくらみ方が少ないなと思ったら、ベンチタイムをのばして様子をみてください。下の写真は、ベンチタイム前後の生地のふくらみ方の実物大です。2回目のベンチタイムでもほぼ同じくらいと思ってください（この大きさはあくまでも目安。少しぐらいの違いは気にしないで）。

ベンチタイム前　　　　　　　　　　　　　　　ベンチタイム後
4.5cm　　　　　　　　　　　　　　　　　　　6cm

（約実物大）

3　電子レンジのワット数を確認

　電子レンジは、各メーカーから出ていて、機能もさまざまです。弱キーも、メーカーや機種によってワット数が違うので、自分の電子レンジが何ワットなのか取扱説明書などで確認を。弱ボタンがない場合は、150W、170W、200Wか、または生解凍のキーを使って発酵するとうまくいくはずです（P.10も参考にしてください）。

4　ガス抜きはしっかりしてますか？

　ガスをちゃんと抜かないと、新しい酸素が入らないので、イーストが活性化できなくなり生地がふくらまない原因になるのです。3つの指で軽く押さえて、生地全体を平らにします。ただし、押さえすぎないこと。

Q 生地がべとついて、まとめられません

A 粉を生地と手につけて成形を

電子レンジ発酵を成功させるために、水分を多めにしているので、生地はやわらかめになっています。打ち粉は多めについてもいいので、必ず手や包丁、まな板などに粉をつけて作ってください。

生地自体にも打ち粉をしてから成形する

Q 生地にダマができてしまいます。混ぜ方が足りないのでしょうか？

A 初めに粉を混ぜるときはしっかり混ぜます

粉を入れて泡立て器で混ぜるときに、完全に溶けていればOK。この時点でダマを残すと、最後まで残ってしまいます。また、粉が古くなって湿気ていると、ダマになりやすい場合もあります。

ダマができてしまうと台なし

きれいに焼けても、中には粉のダマが…

Q 混ぜるときに使うボウルは、どんなものでもいいのですか？

A 耐熱のボウルならOK。でも小ぶりで重くないものを

ボウルが大きく、厚みがあると、牛乳を温めるときに余分に時間がかかるので、牛乳が37℃になるように加熱時間を調節する必要があります。私は、軽くて生地がくっつかないので、直径14cmの耐熱樹脂ボウル（ジップロック）を使っています。

Q イーストのにおいがきついような気がしますが？

A ちゃんとふくらんでいれば、においは少なくなります

イーストの量はふつうより多めにしていますが、パン生地のふくらみが足りないと、イーストのにおいがより強くなります。室温におく時間（ベンチタイム）を10分から20分に延長してみてください。それでもにおいがきついと感じられるようでしたら、小さじ2/3に減らしてください。

Q オーブンに入れるとすぐ焼き色がついてしまいます

A オーブンの温度を調節して

天板を上段に入れていませんか？ 中段または下段に下げると、ちょうどよい焼き色になるはずです。それでも焼き色がすぐついて、中はまだ生という場合は、200℃で焼いている方は180℃に、180℃の方は160℃に下げてみて。

Q 牛乳を温めるときの人肌って何度なの？

A 37℃に温めます

牛乳の温め時間は、電子レンジ強（600W）で30秒が基本ですが、電子レンジによっても違うので、37℃の人肌に温まらない場合は、あと10秒ほどかけ、温めすぎたら少し冷ましてからイーストを入れること。

Q 一度にたくさん作りたいのですがどうすればいいの？

A 基本の量の2〜3倍まで作れますよ

箸で混ぜるパン生地作りの適量は2〜3倍までが作りやすいと、いまのところ思っています。以下のポイントを注意してたくさん作ってみてください。

〈生地を2〜3倍にする場合のポイント〉
- 粉類を2〜3倍にしたら、ほかの材料も2〜3倍にする。
- 牛乳の温めは、人肌程度に温まるまで、様子をみて時間を少し長くする。
- 箸で混ぜたあと、ゴムべらで2〜3回程度混ぜる。
- ゴムべらで混ぜたあと、まな板にとり出して、生地の表面を指先で軽くまとめる。くれぐれもこねないこと。
- 発酵時間は、生地が2〜3倍でも、弱（150〜200W）で30秒加熱。
- 室温におくベンチタイムは、10分を20分にする。3倍のときも、20分で十分です。

箸で混ぜるのは同じ

箸で混ぜたあと、ゴムべらで少しだけ混ぜる

手で少しだけ表面をまとめる

生地の表面がざらついているくらいでOK

Q 朝、焼きたてのパンを食べたいのですが時間があまりかけられません。冷凍しておいて、朝焼く方法を教えてください

A 冷凍する方法は2とおり。生地の状態で冷凍する方法と、焼き上げてから冷凍する方法があります

朝はみんな忙しいものです。そこで、生地をある程度作ったものと、焼き上げてから冷凍しておく方法の2とおりを紹介します。

生地のものは、多少時間はかかりますが、焼きたてのパンは格別なおいしさですよ。

生地を冷凍しておく場合

〈冷凍の方法〉

P.7の基本の作り方12（2回目の成形）まで作り、金属バットに並べてラップをかけ、ただちに冷凍します。かたまったら、ビニール袋に移しておきます。

〈焼き方〉

1 電子レンジで 4分 加熱
耐熱皿にクッキングシートを敷き、真ん中をあけて冷凍の生地（粉100g分全量）を並べて、ラップをかけずに、電子レンジ弱（150〜200W）で4分加熱。解凍と二次発酵を同時に行います。

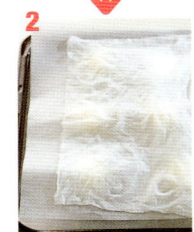

2 室温に 20分 おく
1の生地にクッキングシートをかぶせ、その上に水でぬらして軽く絞ったペーパータオルをかけて、室温に20分おく。オーブンを180〜200℃に温めておく。

3 オーブンで 10分 焼く
クッキングシートとペーパータオルをはずし、温めたオーブンに**2**を入れ、きれいな焼き色がつくまで焼く。

焼き上げて冷凍しておく場合

小さなパン

〈冷凍の方法〉
粗熱をとったあと、ビニール袋にそのまま入れて冷凍します。

〈焼く方法〉
1個につき電子レンジ強(600W)で5～10秒加熱して解凍し、そのあと温めておいてスイッチを切ったオーブントースターに4～5分入れて、余熱でパリッとさせます。

大きなパン

〈冷凍の方法〉
食パンやバゲットなどの大型パンは、スライス、または使いやすいサイズにカットしてビニール袋に入れて冷凍します。

〈焼く方法〉
凍ったまま、トースターで焼きます。

揚げパンの場合

形を作ったり、フィリングをつめた状態(揚げる直前の状態)でポリ袋に入れて冷凍します。

揚げるときは、耐熱皿にクッキングシートを敷き、中央をあけて冷凍の生地(粉100g分全量)を並べ、ラップをかけずに電子レンジ弱(150～200W)で4分加熱。そのまま低温(140℃)の油で揚げます。

村上祥子 むらかみ さちこ

福岡県生まれ。日々新しいことを取り入れながら、進化し続ける料理研究家。東京と福岡にクッキングスタジオを主宰し、テレビ出演、著作、大学講師、商品開発など、幅広く活躍中。シンプルで手早くできると、ファンは多く、とくに、電子レンジ発酵のパンが話題になりますます活動の場が広がっている。著書に『45分で電子レンジパン』(永岡書店)『5分でできる カフェべんとう』(講談社) など。
村上祥子のホームページ　http://www.murakami-s.com

(株)ムラカミアソシエーツスタッフ
柿崎朋子
加藤治子
古城佳代子
児玉貴子
田村知香

撮影／岡本真直
スタイリング／池水陽子
本文デザイン／渡辺実穂
装丁／藤井康生
構成・編集／西川真貴
編集担当／影山美奈子 (永岡書店編集部)

村上祥子の ふんわりパン

著　者 村上祥子
発行者 永岡修一
発行所 株式会社永岡書店
〒176-8518 東京都練馬区豊玉上1-7-14
TEL 03-3992-5155 (代表)
TEL 03-3992-7191 (編集)

DTP製作 編集室クルー
印刷 末広印刷
製本 ヤマナカ製本
ISBN4-522-42108-7 C2077
落丁本・乱丁本はお取り替えいたします　⑳

本書の無断複写・複製・転載を禁じます。